Les Pandas

Anne Schreiber

Texte français de Marie-Josée Brière

Éditions
■SCHOLASTIC

Pour Lee Lee et Indy

Catalogage avant publication de Bibliothèque et Archives Canada

Schreiber, Anne
[Pandas. Français]
Les pandas / Anne Schreiber ; texte français de Marie-Josée Brière.

(National Geographic kids)
Traduction de : Les pandas.
ISBN 978-1-4431-3803-1 (couverture souple)

1. Pandas--Ouvrages pour la jeunesse. I. Titre. II. Titre : Les pandas.
Français

QL737.C27S3414 2014   j599.789   C2014-902311-1

Édition publiée par les Éditions Scholastic, 604, rue King Ouest, Toronto (Ontario) M5V 1E1 avec la permission de
National Geographic Partners, LLC.

7 6 5 4 3   Imprimé au Canada   119   18 19 20 21 22

Crédits photographiques :
Page couverture, 6, 13, 18 (à gauche), 19 (à droite), 28-29 (toutes les photos) : © Lisa & Mike Husar/Team Husar Wildlife Photography; 1, 22 : © Katherine
Feng/Minden Pictures/National Geographic Stock; 2, 32 (en haut, à droite) : © WILDLIFE GmbH/Alamy; 5 : © Keren Su/China Span/Alamy; 6 (médaillon) :
© James Hager/Robert Harding World Imagery/Getty Images; 8-9, 32 (en haut, à gauche) : © DLILLC/Corbis; 10-11 : © Eric Isselée/Shutterstock; 14 : © age
fotostock/SuperStock; 16, 24-25 : © Katherine Feng/Globio/ Minden Pictures/National Geographic Stock; 17, 18-19, 32 (en bas, à gauche) : © Katherine
Feng/Minden Pictures; 21 : © Kent Akgungor/Shutterstock; 22-23 (médaillon), 32 (au milieu, à droite) : © Carl Mehler/National Geographic Society, Maps
Division; 26, 32 (en bas, à droite) : © ChinaFotoPress/Getty Images; 30-31 (toutes les photos) : © Dan Sipple; 32 (au milieu, à gauche) : © Kitch Bain/
Shutterstock.

Un merci particulier à Kirsten Speidel, professeure adjointe de langues chinoises au Swarthmore College, pour
son aide en matière de traduction et de prononciation.

MIXTE
Papier issu de
sources responsables
FSC® C103113

Table des matières

Un panda géant!

Mais qu'est-ce qu'il y a là-haut,
dans l'arbre? Est-ce un chat?
Est-ce un raton laveur? Non,
c'est un panda géant!

Le panda géant peut grimper
jusqu'au sommet de très grands
arbres. Il vit dans des montagnes
très hautes. Il passe plusieurs
heures par jour à grignoter
du bambou.

Un ours-chat?

panda géant ————————•

ours noir

Le panda est à peu près de la même taille que son cousin l'ours noir, mais sa tête est plus large et plus ronde. De plus, contrairement aux autres ours, le panda ne peut pas se tenir debout sur ses pattes arrière.

Même s'il ressemble à un chat ou à un raton laveur, le panda fait partie de la famille des ours. En Chine, le panda est parfois appelé *daxiongmao* (da-shi-ong-ma-oh), ce qui veut dire « ours-chat géant ».

Comme tous les ours, le panda est fort et intelligent. Il a des dents bien aiguisées et un très bon odorat. Le mâle pèse environ 115 kilos et il peut mesurer de 1,20 m à 1,80 m de long.

Le panda est un très bon grimpeur. Il lui arrive même de dormir à la cime des arbres.

À savoir

Habitat:
Endroit naturel
où vit un animal

Les pandas vivent dans les hautes
montagnes de la Chine depuis des millions
d'années. Le climat y est froid et pluvieux,
mais il y a des arbres en quantité… surtout
celui que préfèrent les pandas : le bambou!

Autrefois, on trouvait des pandas sur de
nombreux territoires, mais aujourd'hui
il y a beaucoup moins d'espaces ouverts
où pousse le bambou. En Chine, les pandas
sont maintenant regroupés dans six habitats
forestiers.

Le corps du panda

Le panda est noir et blanc. On pense que cette fourrure permet aux bébés de se camoufler dans les forêts rocheuses et enneigées. Ainsi, les prédateurs – c'est-à-dire les ennemis – ne peuvent pas les voir.

Grâce à son pelage laineux et huileux, le panda reste bien au chaud dans les forêts froides et humides où il vit.

La fourrure sous ses pattes le protège du froid sur le sol enneigé.

Les taches noires qui entourent ses yeux lui donnent un air féroce.

Le panda est actif surtout la nuit. Il voit très bien dans le noir, comme les chats.

Le panda a de grosses dents et une mâchoire puissante. C'est parfait pour bien mastiquer les tiges de bambou, qui sont plutôt dures.

Du bambou au menu

Les pandas passent leurs journées à dormir et à manger...
BEAUCOUP!

Et que mangent-ils? Du bambou, bien sûr! Ils en mangent au déjeuner, au dîner, au souper, et même au goûter. Ils mangent presque exclusivement du bambou.

Les pandas doivent manger de 10 à 20 kilos de bambou chaque jour pour survivre. Il leur faut de 10 à 16 heures par jour pour trouver et mastiquer toute cette nourriture!

Les pandas entre eux

Les pandas vivent généralement seuls, ou parfois en petits groupes.

Les pandas se servent de 11 sons différents pour communiquer entre eux. Ils communiquent aussi en laissant leur odeur sur les pierres et les arbres.

À savoir

Communiquer :
Transmettre de l'information

Odeur :
Ce que l'on sent – les pandas communiquent par l'odeur

Petit à petit

En août ou en septembre, la mère panda part à la recherche d'une tanière pour donner naissance à un petit. Son nouveau-né fait à peu près la même taille et le même poids qu'un sandwich à la crème glacée.

À la naissance, le bébé panda est aveugle. Il est rose et n'a pas de fourrure. Il passe sa journée à pousser de petits cris et à boire le lait de sa mère.

À savoir

Coussinets :
Petits coussins
sous les pattes
du panda

Le tour des yeux, les oreilles et les
pattes du bébé panda se couvriront
bientôt de fourrure noire.

17

Le bébé panda reste avec sa mère jusqu'à l'âge de deux ou trois ans.

1.

Quelques semaines après la naissance, la maman panda peut laisser son petit pour aller chercher du bambou. Le bébé pleure moins et il est capable de se maintenir au chaud.

2.

Le bébé panda ouvre les yeux vers l'âge de huit semaines. Mais il ne commence pas à marcher avant d'avoir trois mois.

3.

Vers l'âge de six mois, le bébé panda peut manger du bambou, grimper aux arbres et se promener, comme le fait sa mère.

Le panda roux

Quand on parle de pandas, on pense généralement au panda géant. Mais sais-tu qu'il existe une autre espèce de panda?

Le panda roux vit en Chine et dans d'autres régions d'Asie. Il se nourrit de bambou, comme le panda noir et blanc, mais il aime aussi les racines et les glands. Le panda roux adulte est à peu près de la taille d'un chat.

Q Qu'est-ce qui est noir, blanc, noir, blanc, noir, blanc?

R Un panda qui déboule sur la pente d'une colline!

Le panda roux est couvert de fourrure rousse. Il ressemble plus à un raton laveur qu'à un ours.

Pandas sous protection

À savoir

Réserve :
Territoire
protégé

De nos jours, il ne reste plus qu'environ 1 600 pandas sauvages. Plusieurs des forêts qui abritaient des pandas ont été détruites pour faire place à des fermes. Les pandas n'ont donc plus d'habitat ni rien à manger.

La création de la réserve naturelle de Wolong, en Chine, est une des façons d'aider les pandas à survivre.
Les 150 pandas qui y vivent sont en sécurité.

0   800
km

C H I N E

□ Réserve naturelle
de Wolong

Des bébés en quantité

Les pandas sont aussi protégés dans les zoos. Les premiers pandas sont arrivés aux États-Unis en 1972 et au Canada en 1985. Ils venaient de Chine. Aujourd'hui, on trouve une centaine de pandas roux et de pandas géants dans différents zoos du monde.

Seize bébés pandas sont nés en une seule année dans la réserve naturelle de Wolong.

Au début, les mères pandas avaient de la difficulté à avoir des petits dans les zoos et dans les réserves. Mais au cours de ces dernières années, les naissances se sont soudain multipliées. Bravo les pandas!

Tremblement de terre!

La Chine a été secouée par un puissant séisme en mai 2008. L'épicentre (le centre) se trouvait tout près de la réserve naturelle de Wolong. Des pierres de la taille d'une voiture sont tombées des hautes montagnes qui entouraient l'endroit où vivaient les pandas. Depuis, un centre a été construit pour offrir un nouvel habitat aux pandas.

À savoir

**Séisme :
Mouvement de la surface de la Terre, qui fait trembler le sol**

Incroyable, mais vrai!

Le savais-tu?

Les anciens empereurs chinois avaient des pandas comme animaux de compagnie.

Le panda roule et culbute sur le sol pour se déplacer plus rapidement.

Le panda est très timide et se tient à distance des endroits où vivent des humains.

Le bébé panda est rose à la naissance. C'est la salive de sa mère qui lui donne cette couleur quand elle le lèche.

Le panda ne court pas très vite, mais il est bon nageur et il grimpe très bien aux arbres.

Le panda peut manger environ 10 000 kilos de bambou par année!

Il faut quatre ans avant de pouvoir déterminer si le bébé panda est un garçon ou une fille.

Des noms variés

白豹

léopard blanc

白熊

ours blanc

猛氏兽

bête de proie

花熊

ours à bandes

Le panda est mentionné dans des histoires et des poèmes chinois datant de 3 000 ans! Il a été connu sous plusieurs noms au fil des ans. À ton avis, lequel de ces noms lui va le mieux?

ours presque-chat

chat presque-ours

renard blanc

grand ours-chat

ours bambou

HABITAT : Endroit naturel où vit un animal

COMMUNIQUER : Transmettre de l'information

ODEUR : Ce que l'on sent — les pandas communiquent par l'odeur

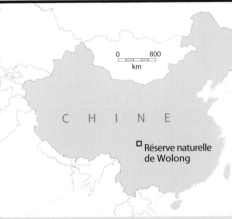

Réserve naturelle de Wolong

CHINE

RÉSERVE : Territoire protégé

COUSSINETS : Petits coussins sous les pattes du panda

SÉISME : Mouvement de la surface de la Terre, qui fait trembler le sol

32